Ce livre de coloriage appartient à:

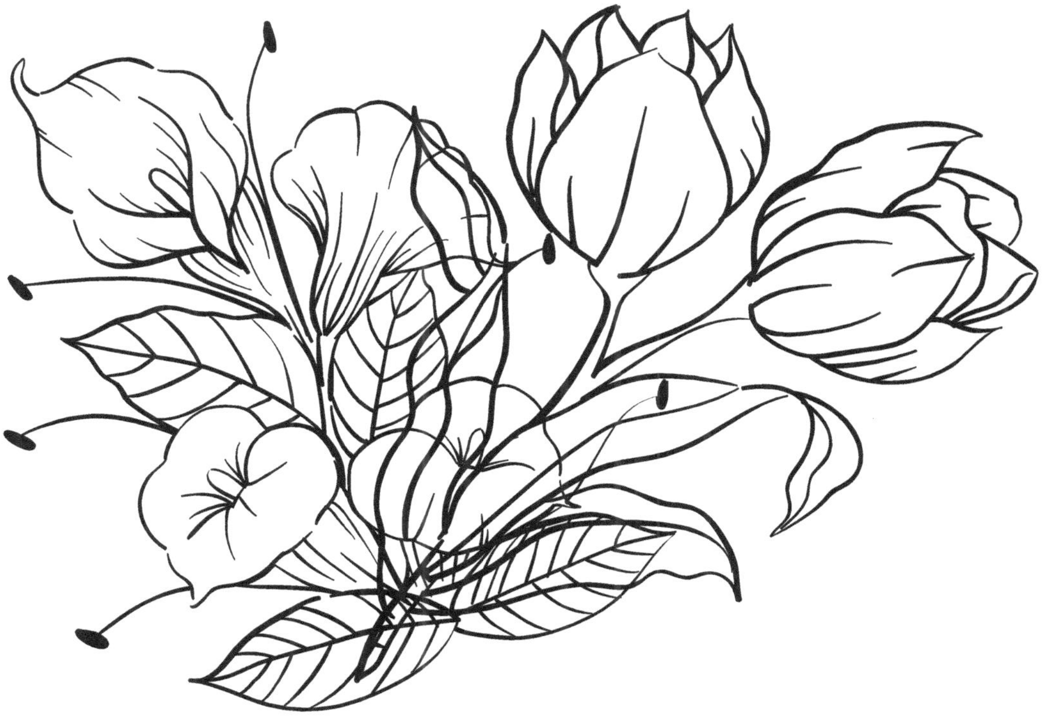

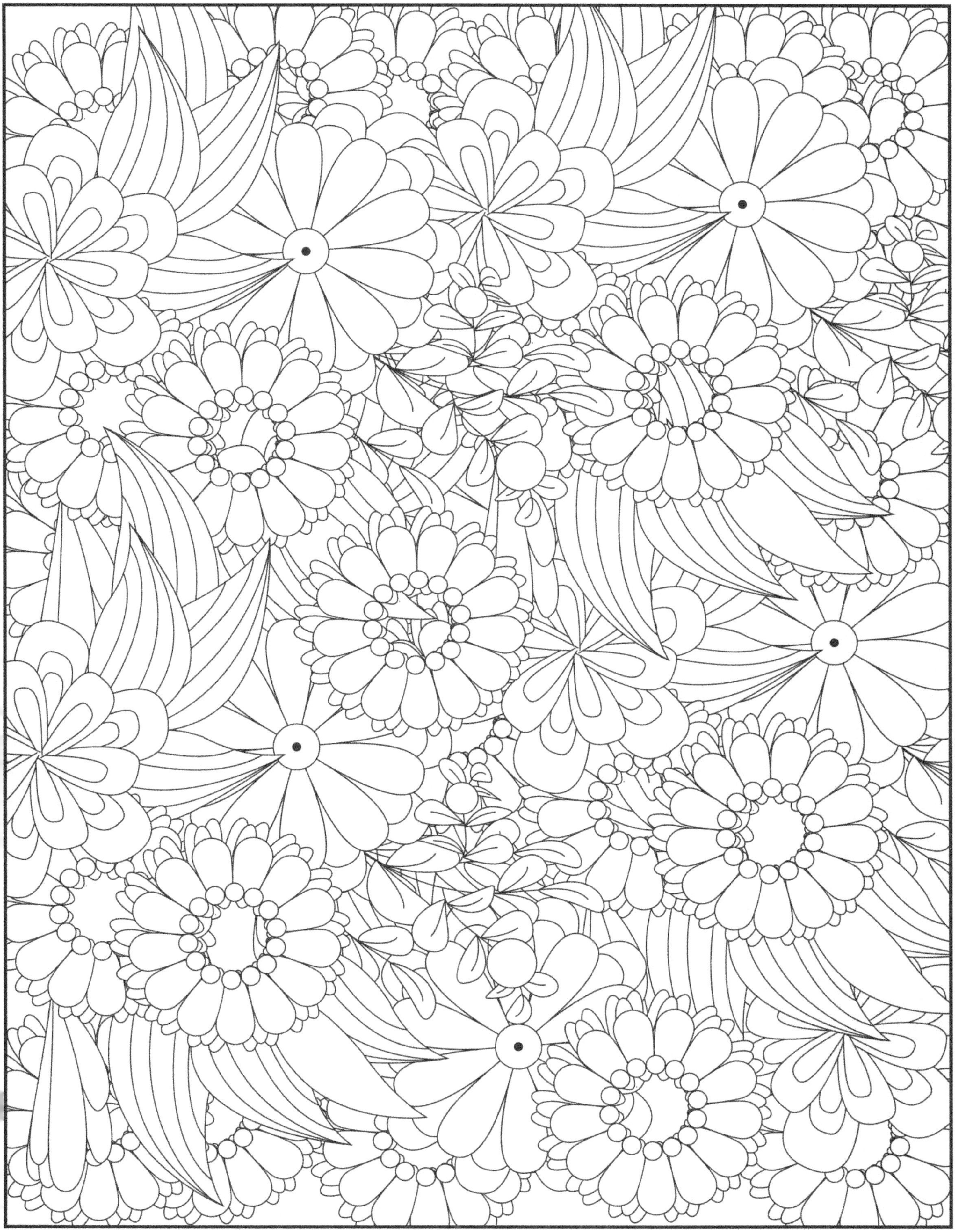

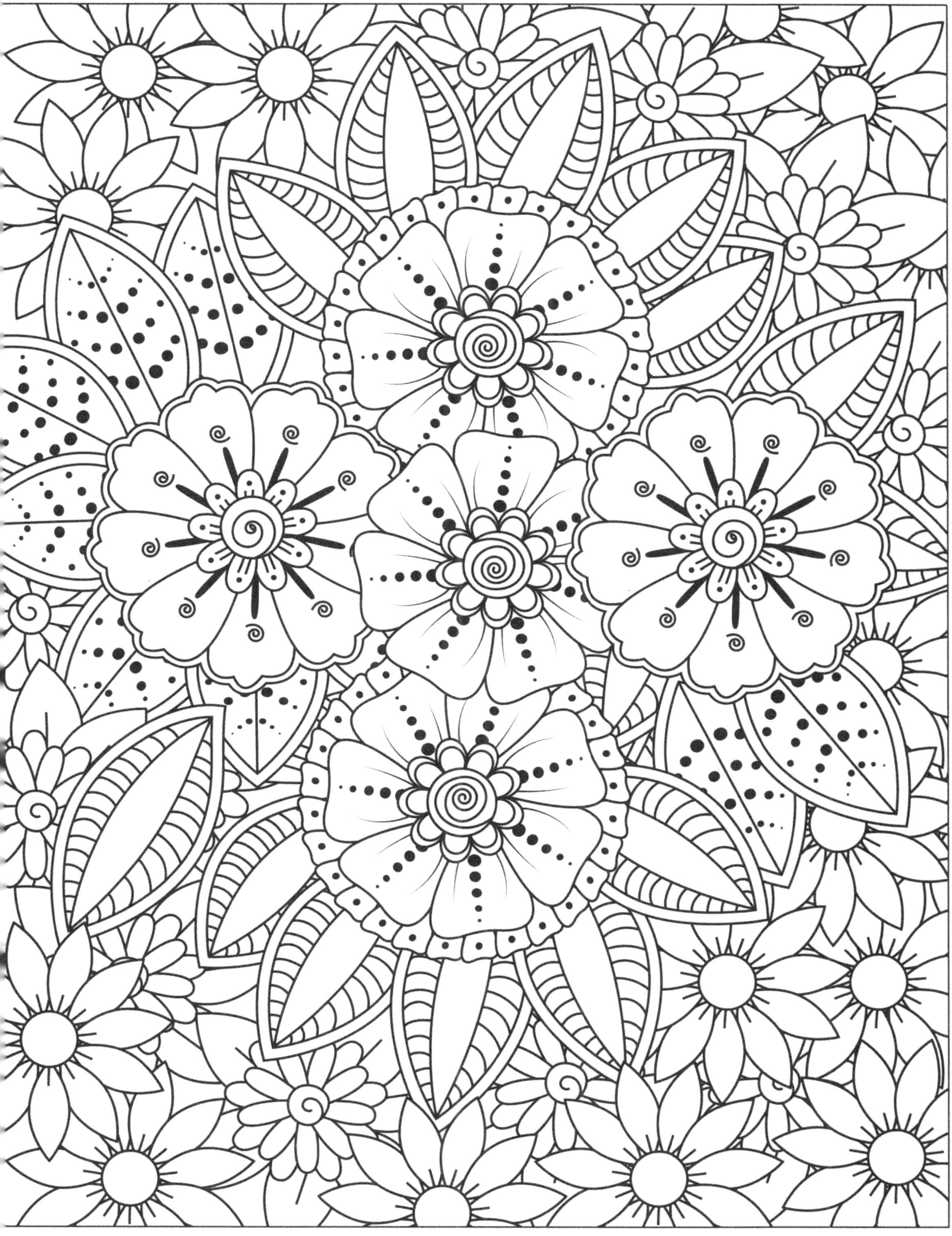

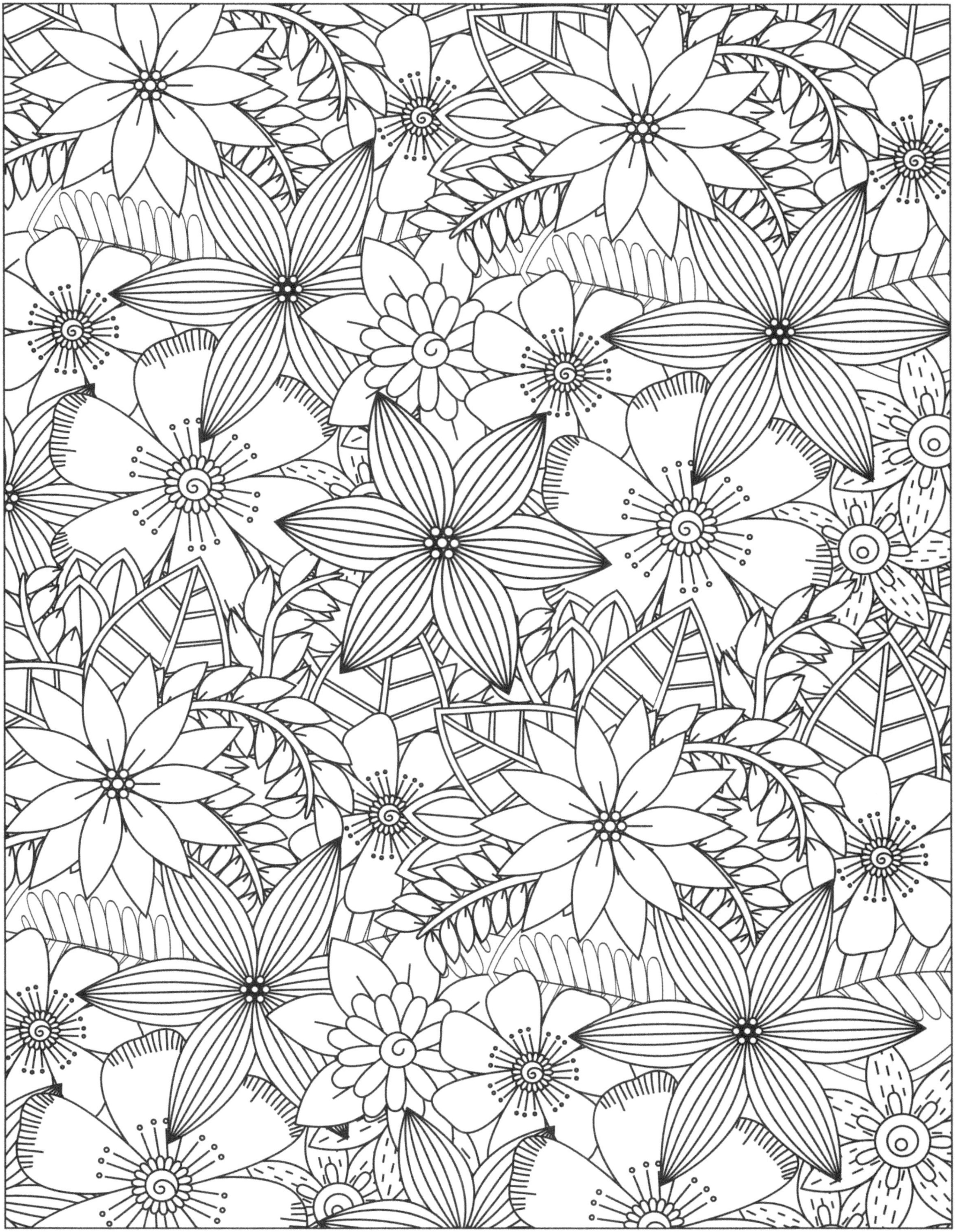

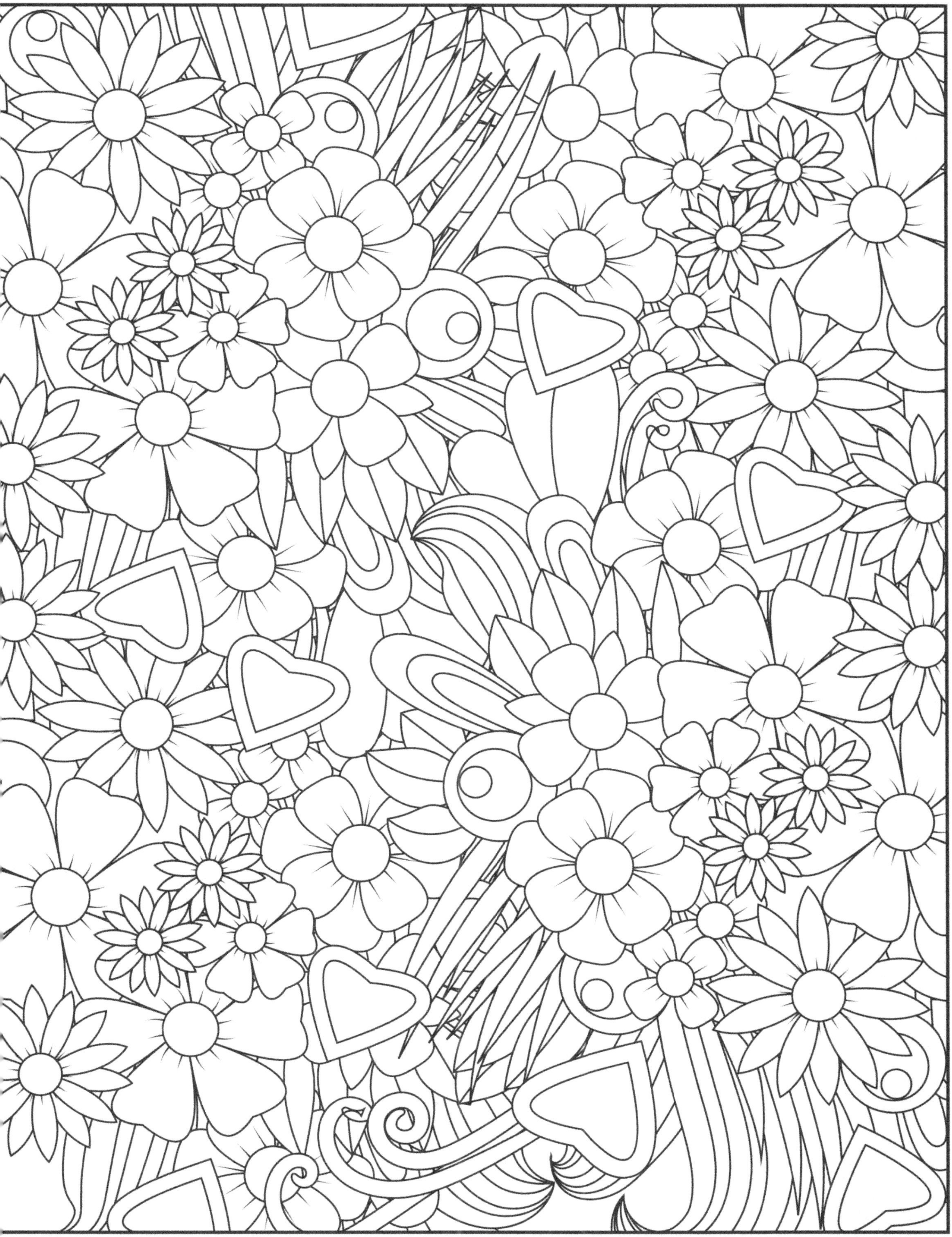

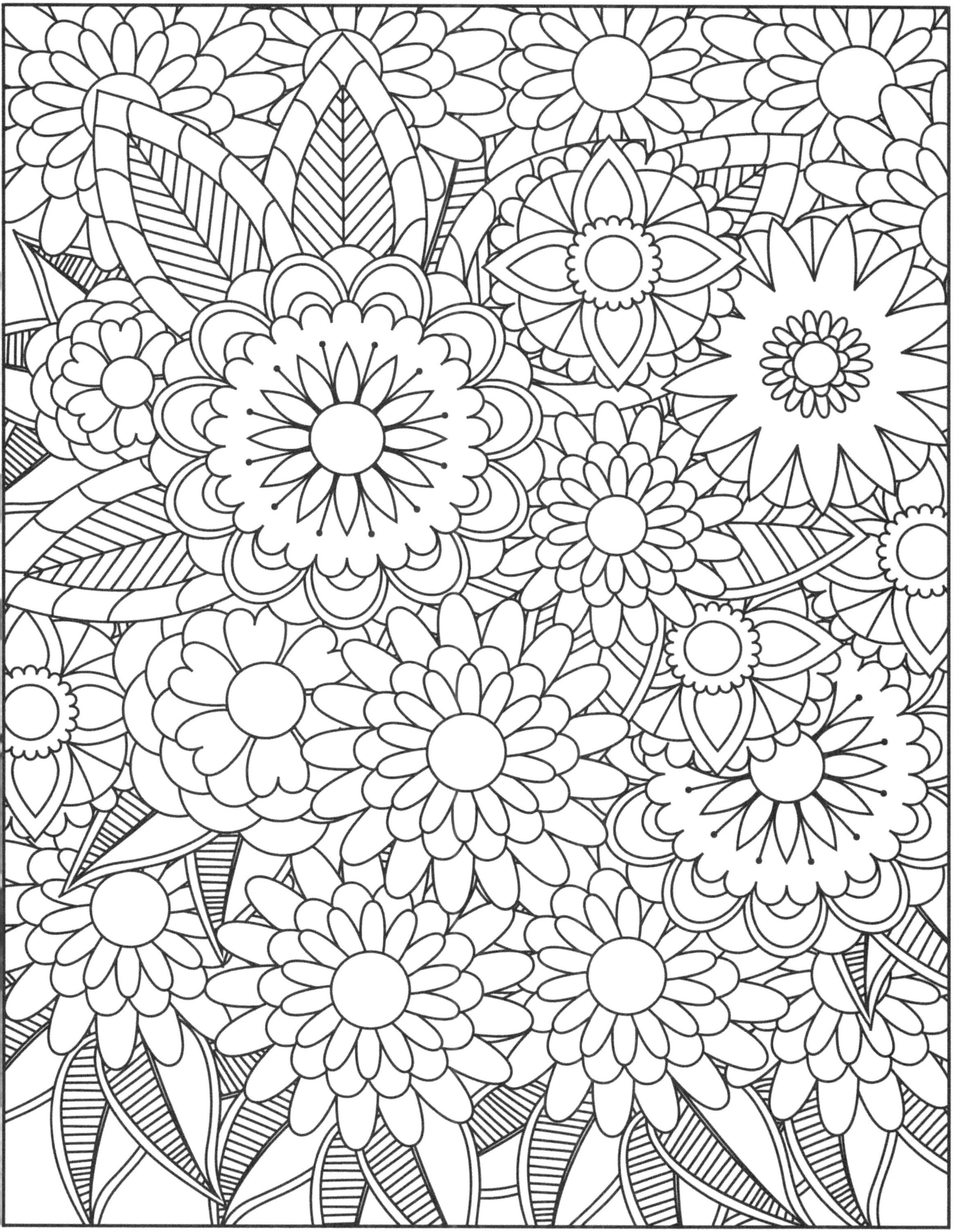

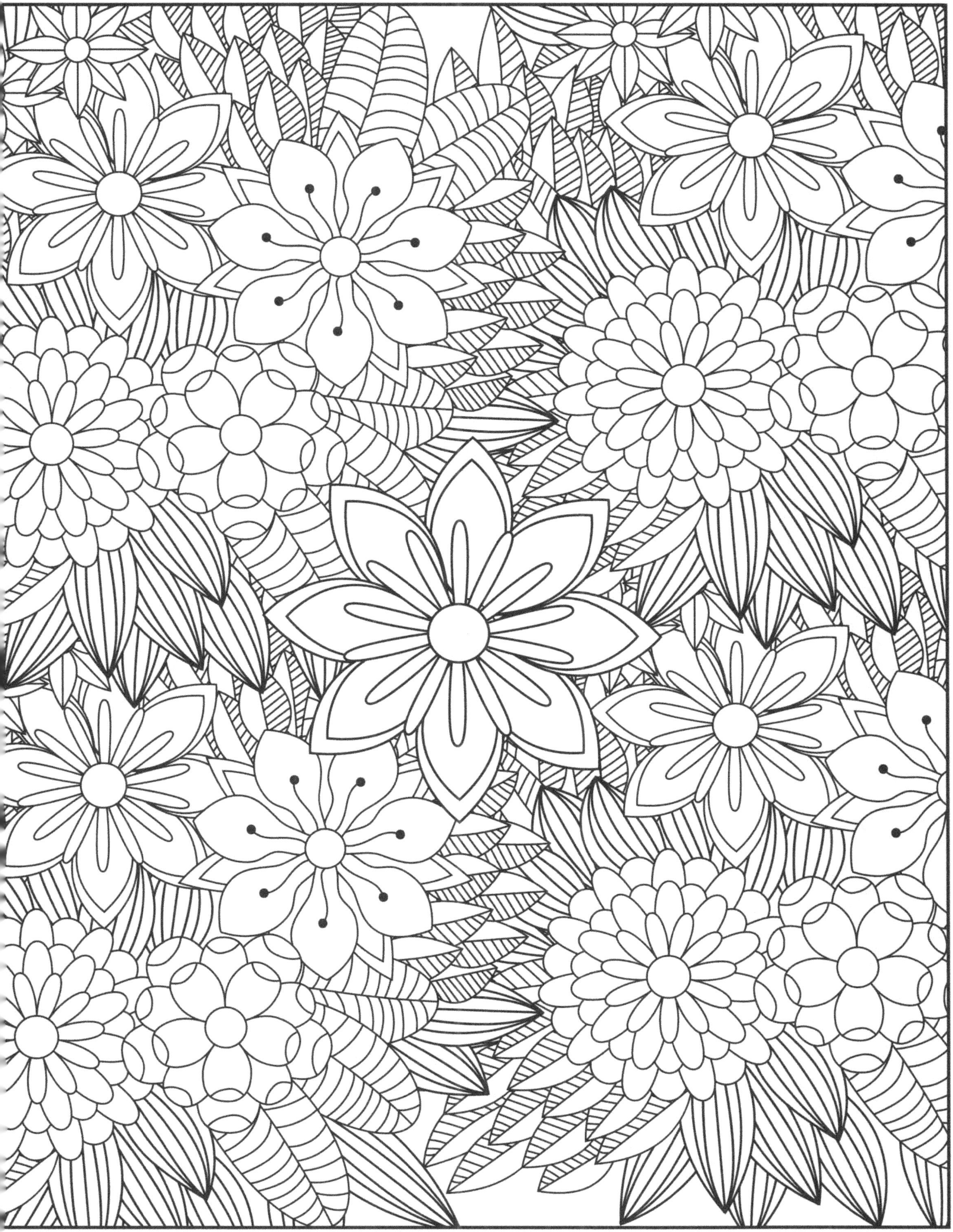

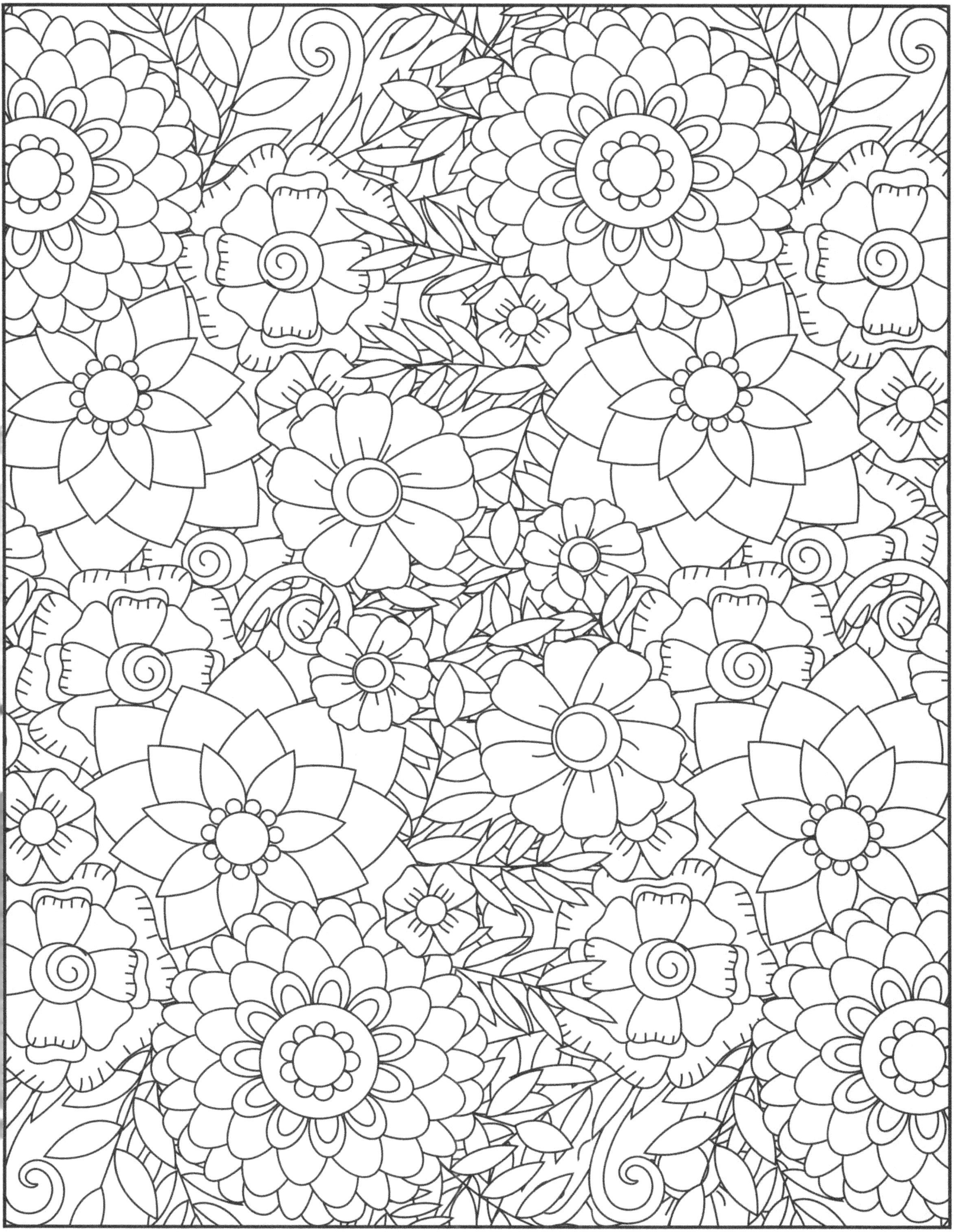

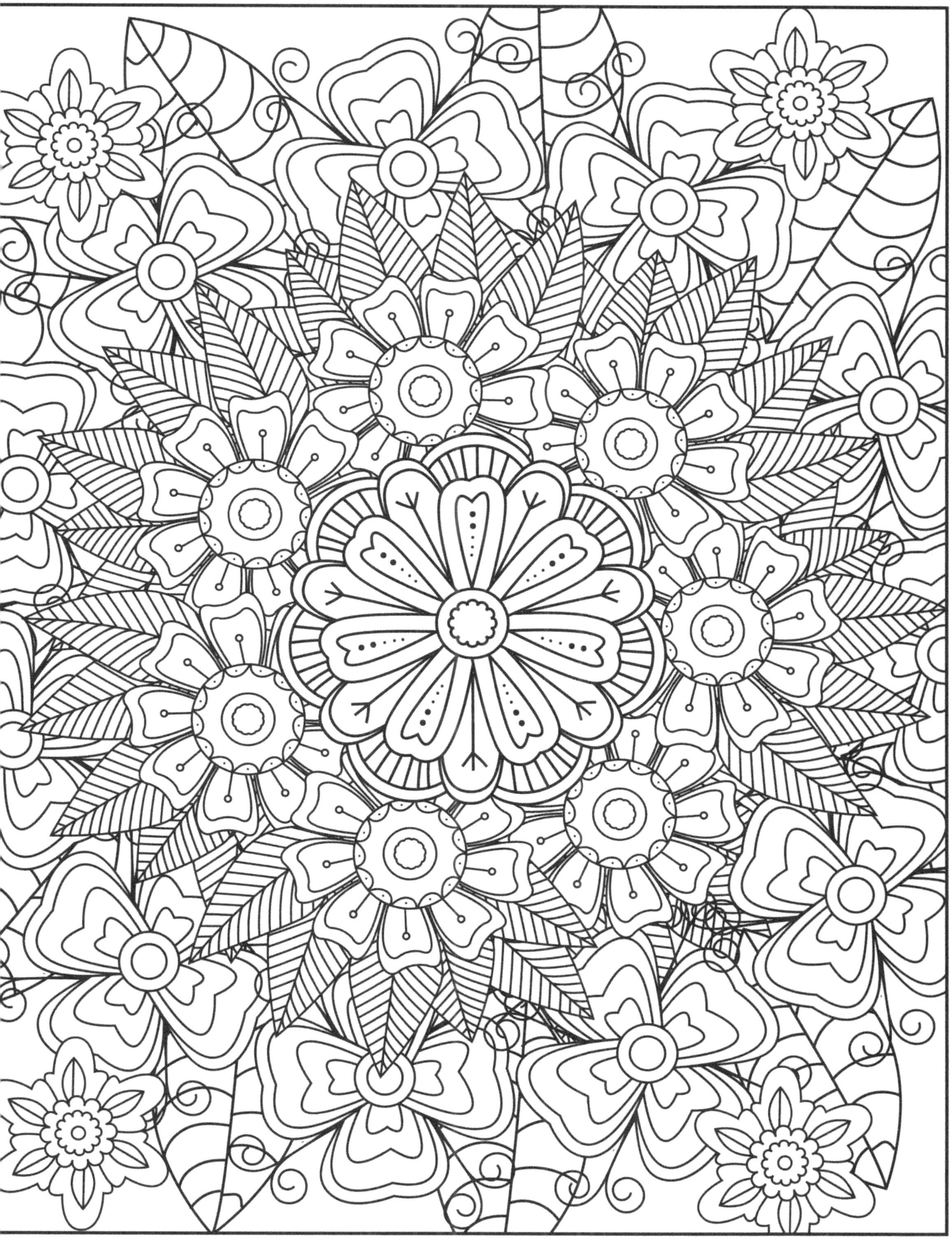

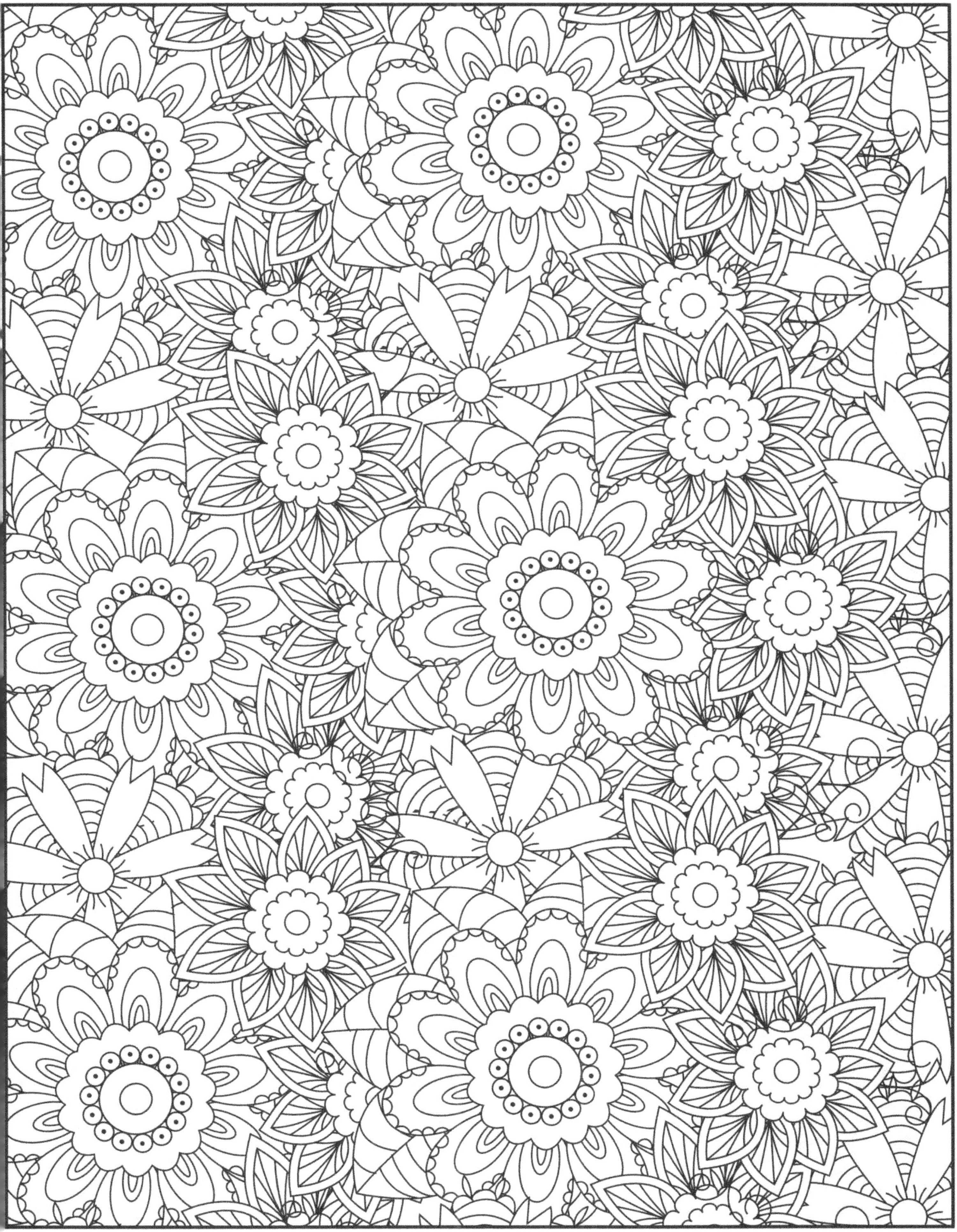

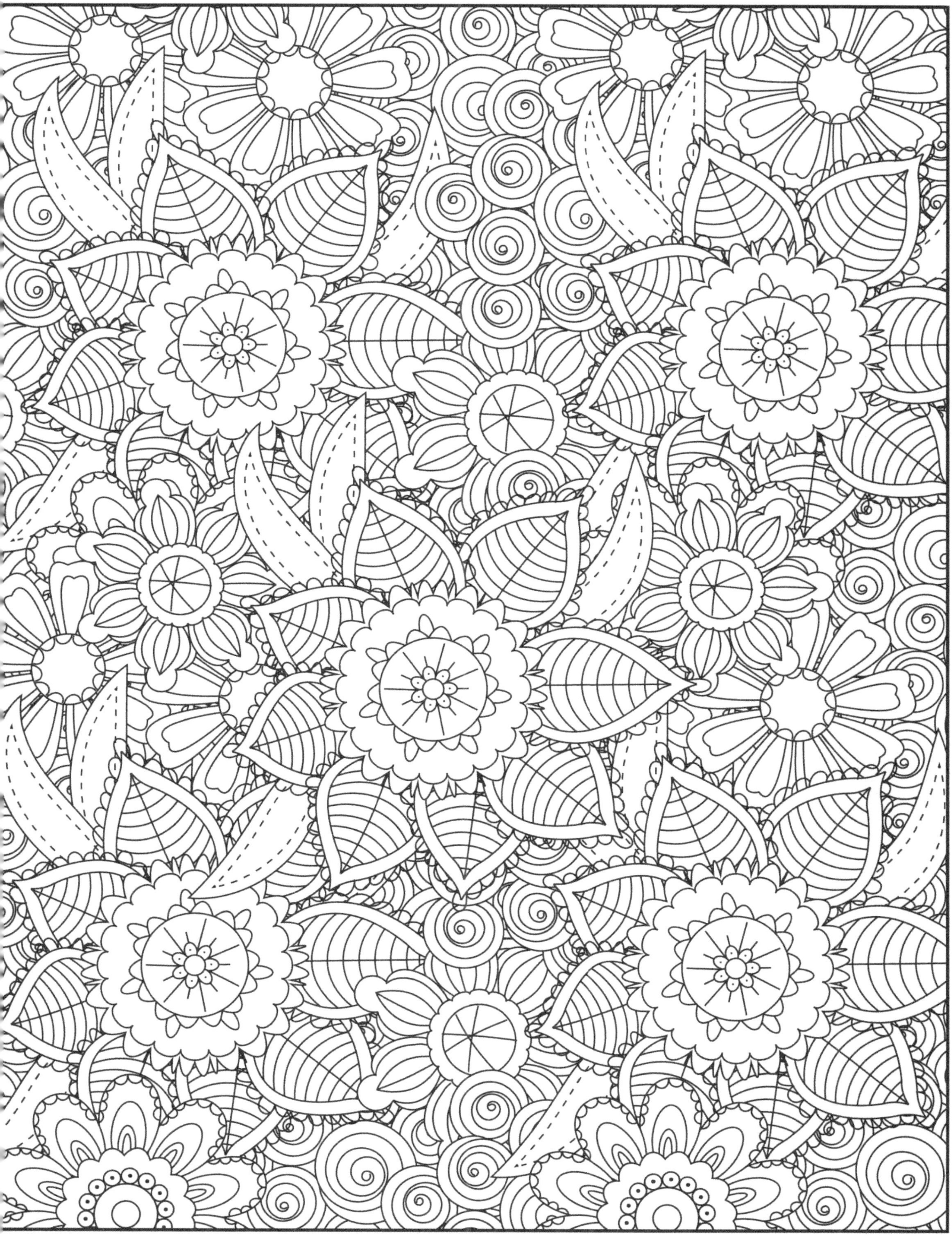

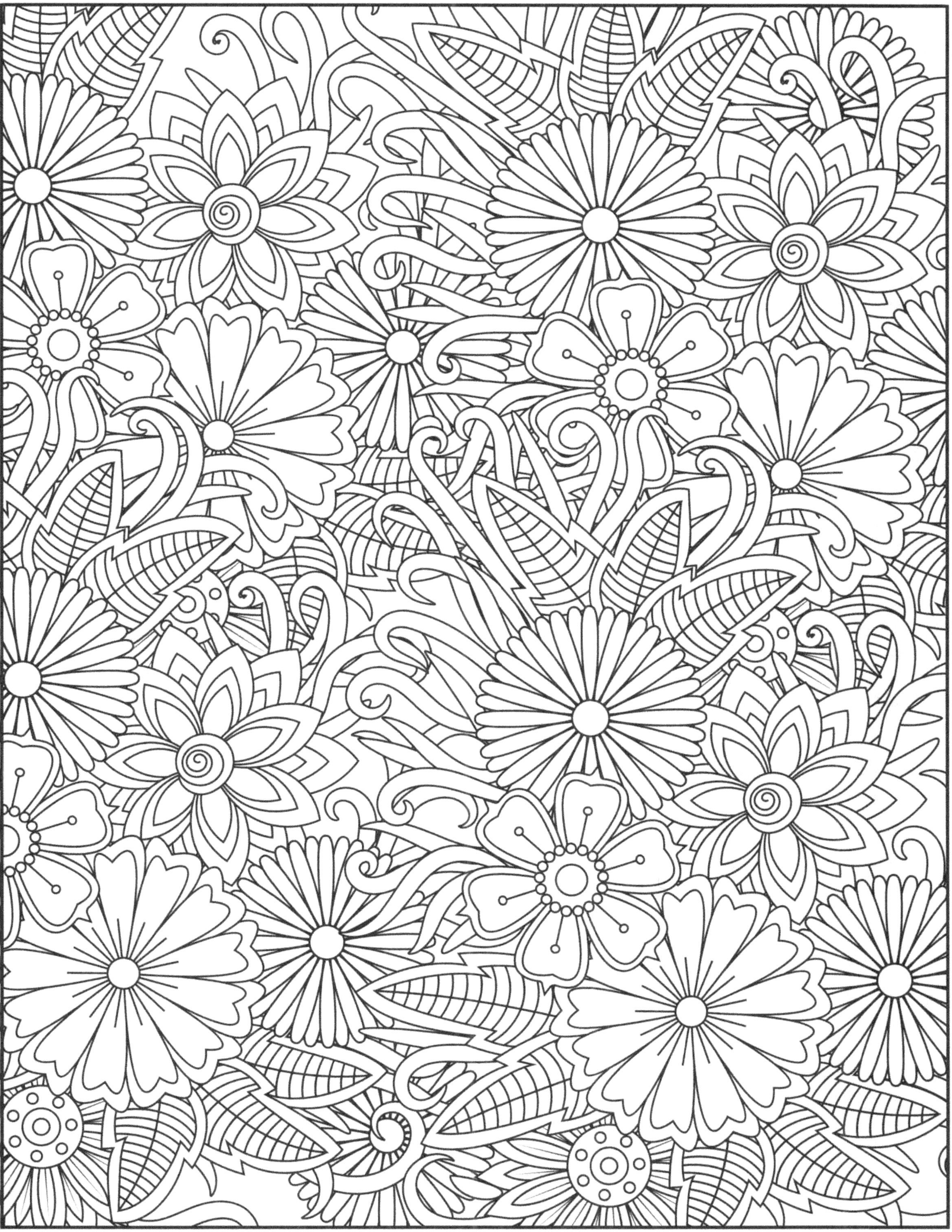

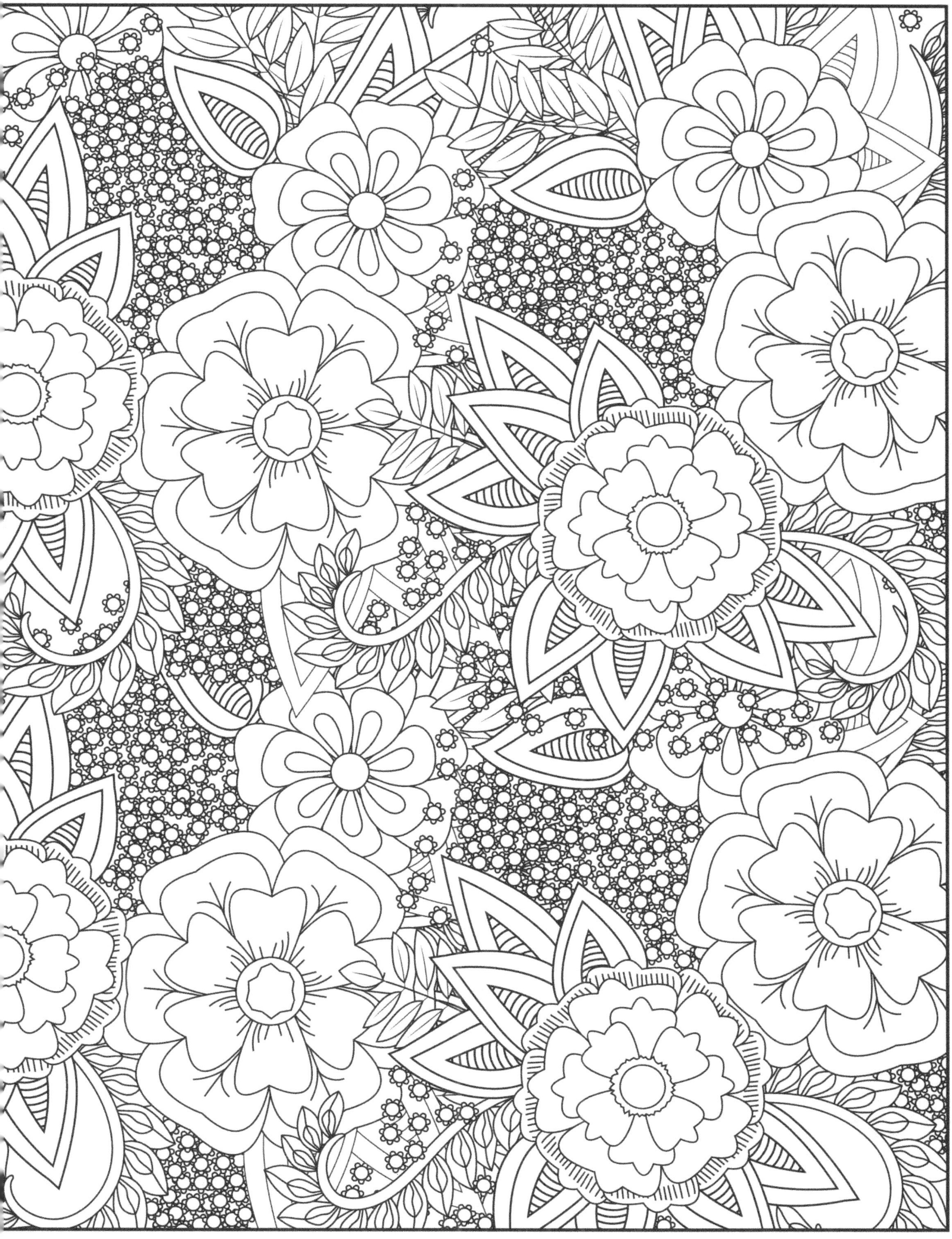

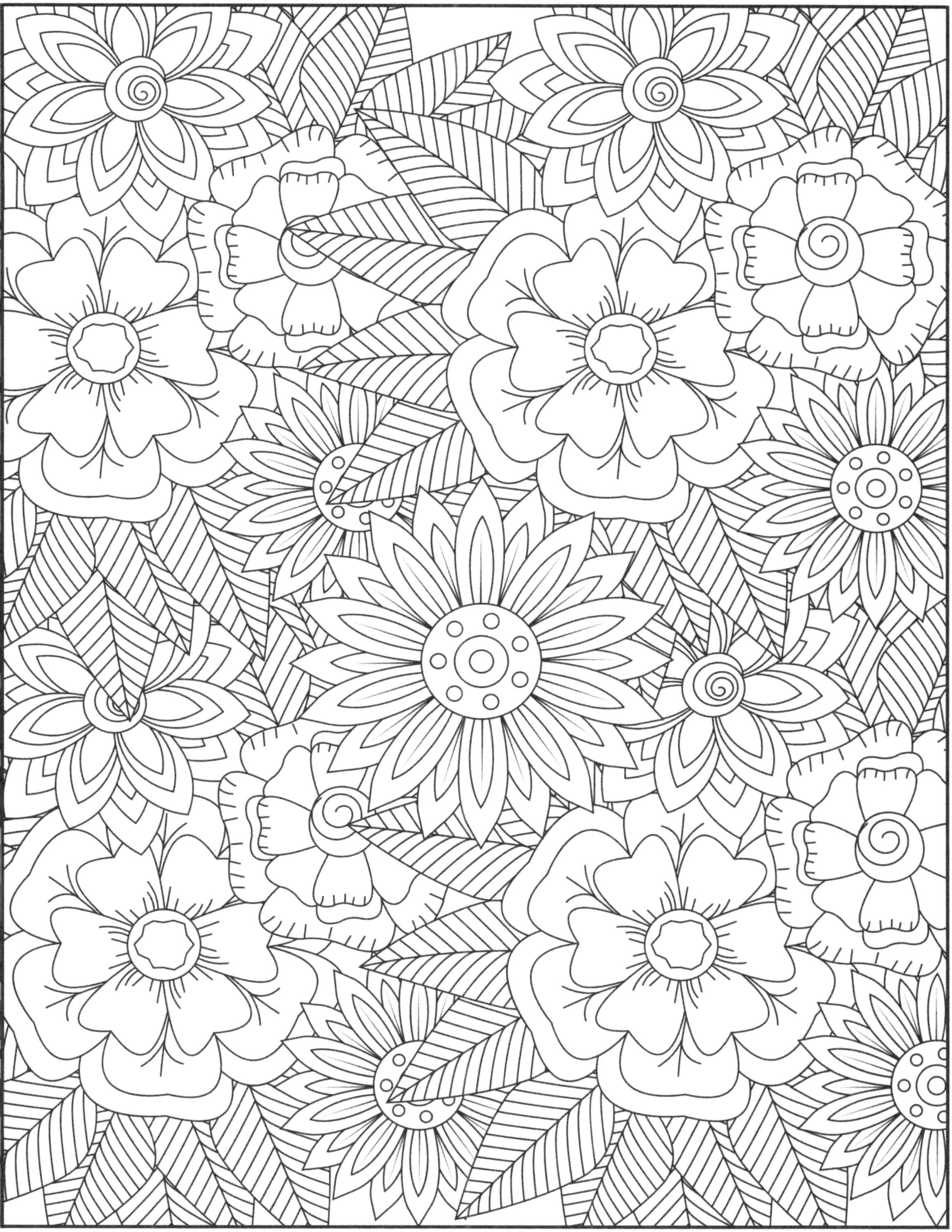

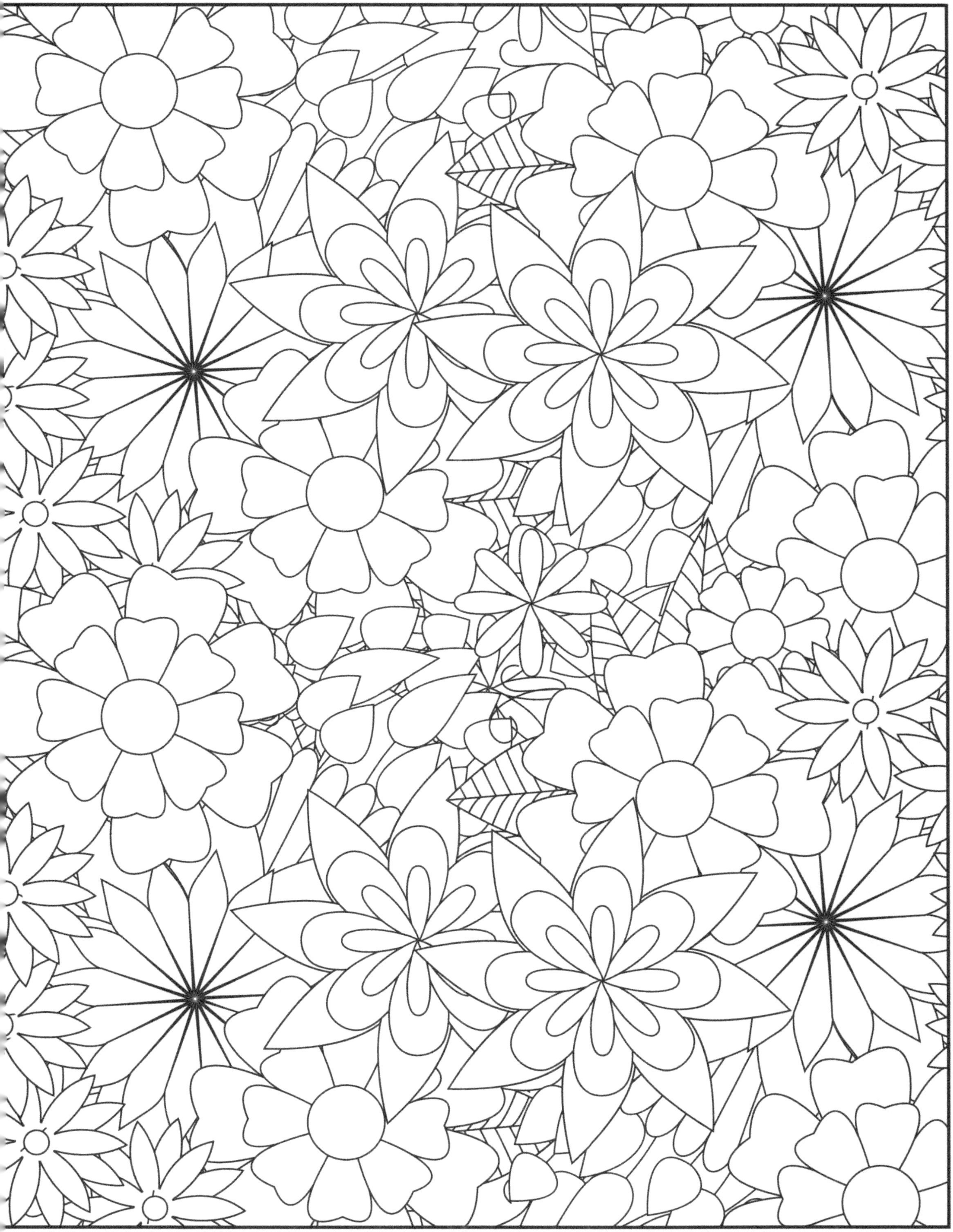

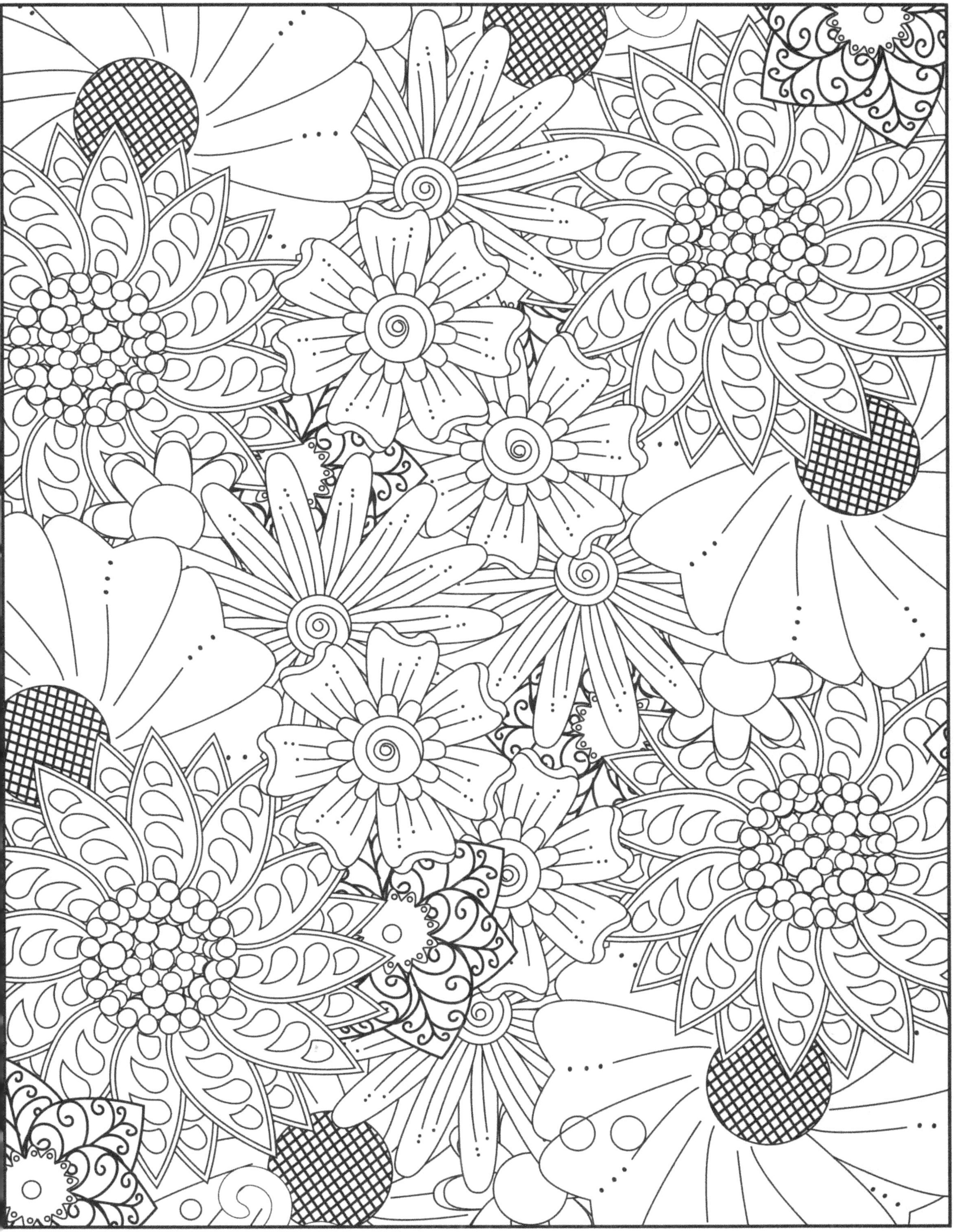

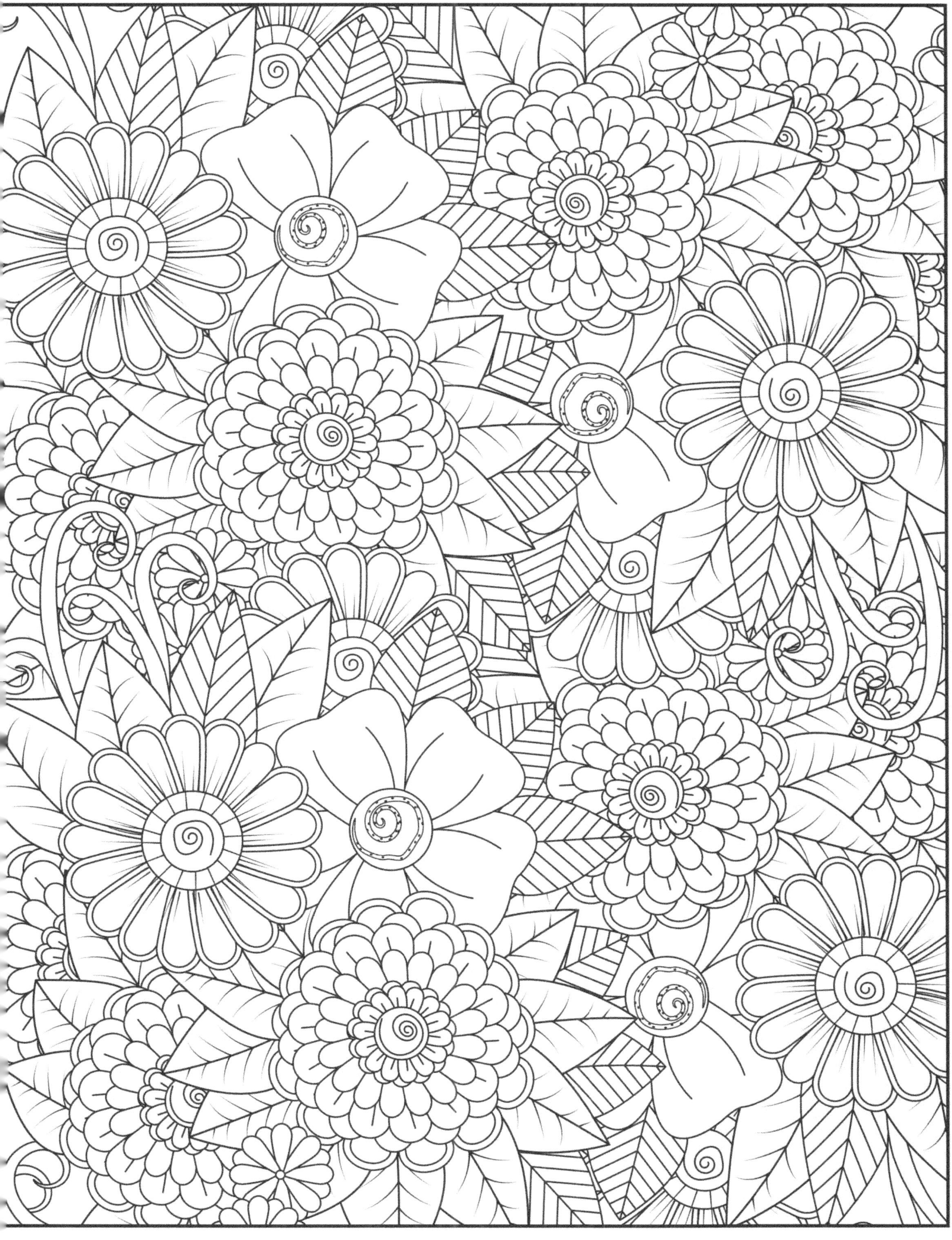

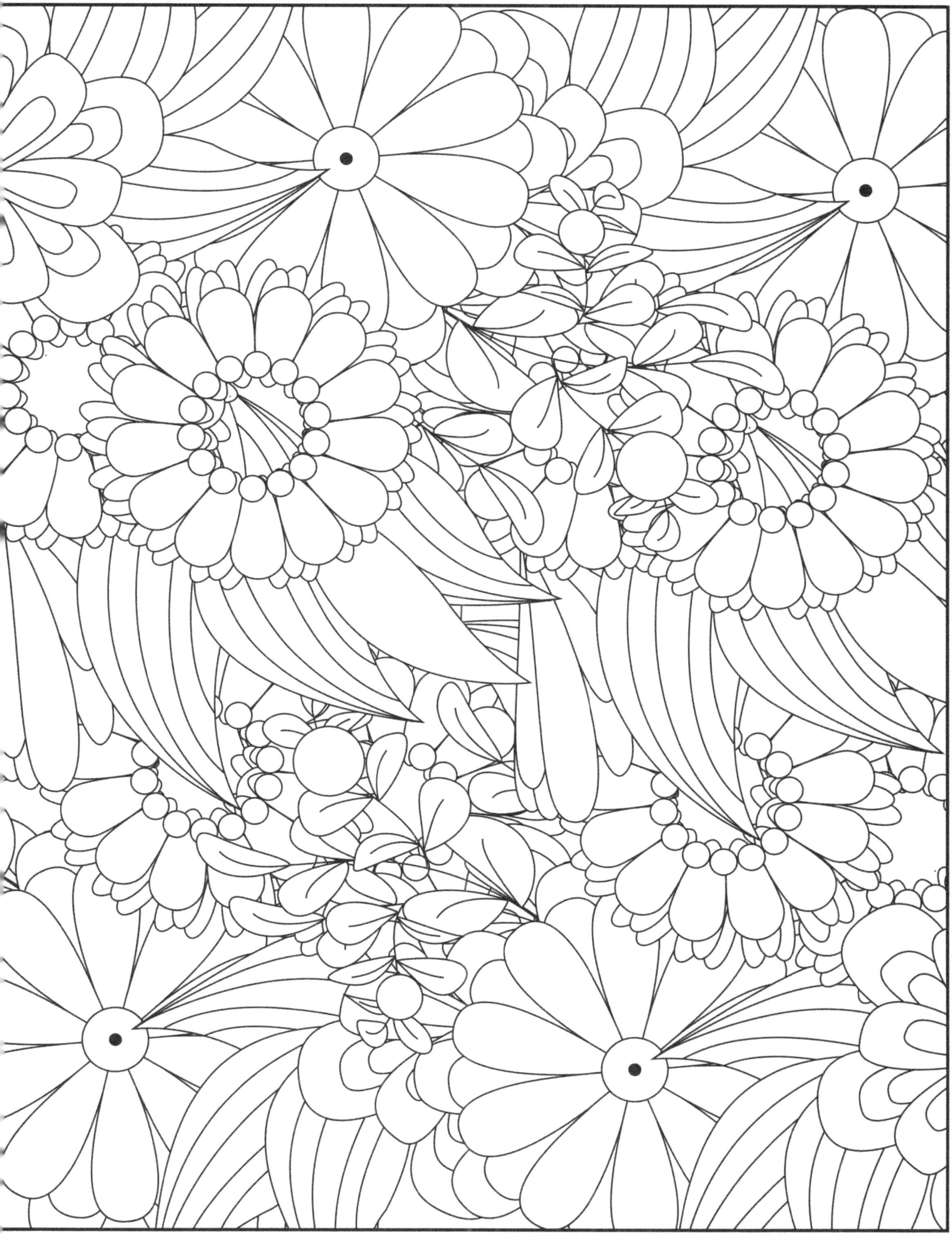

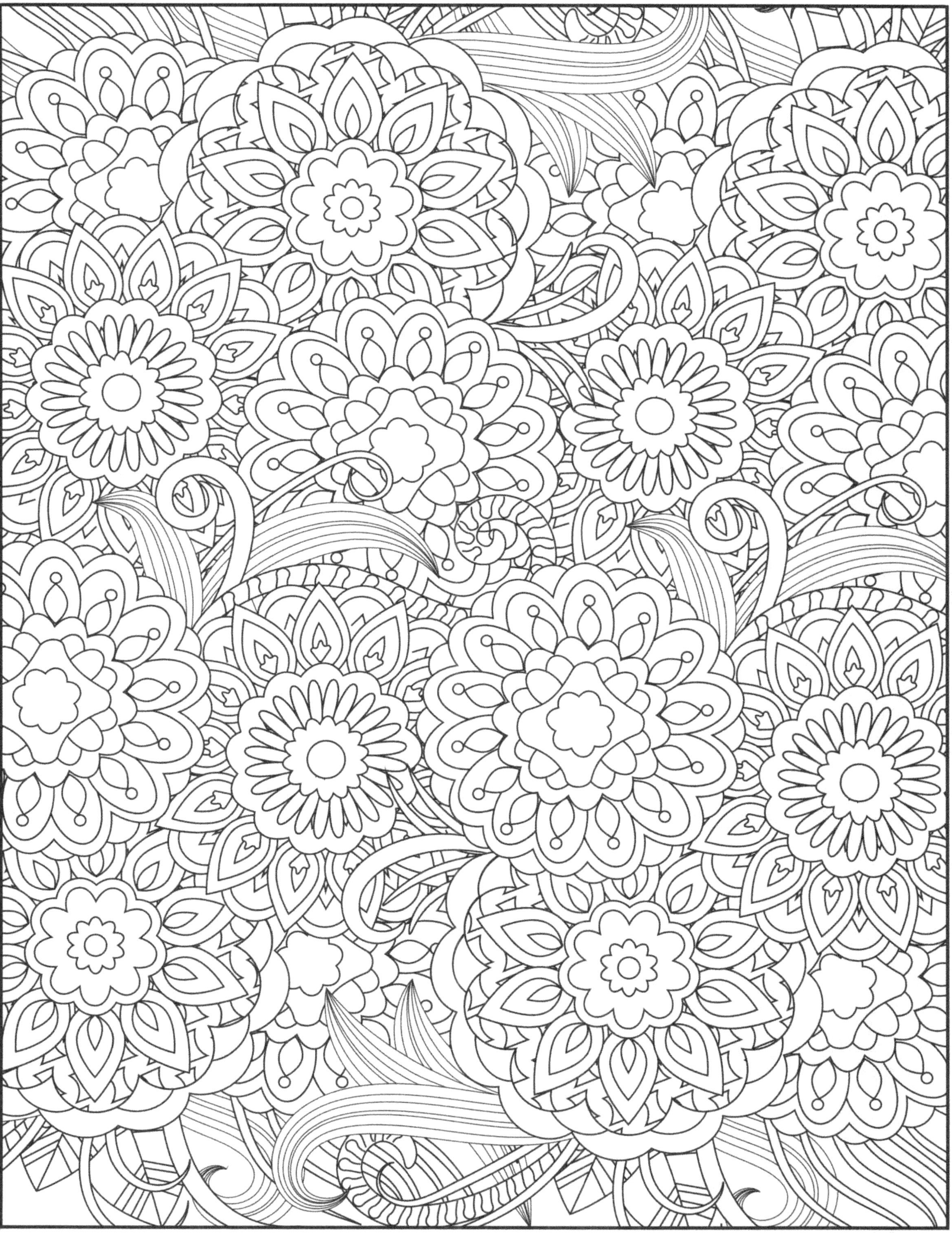

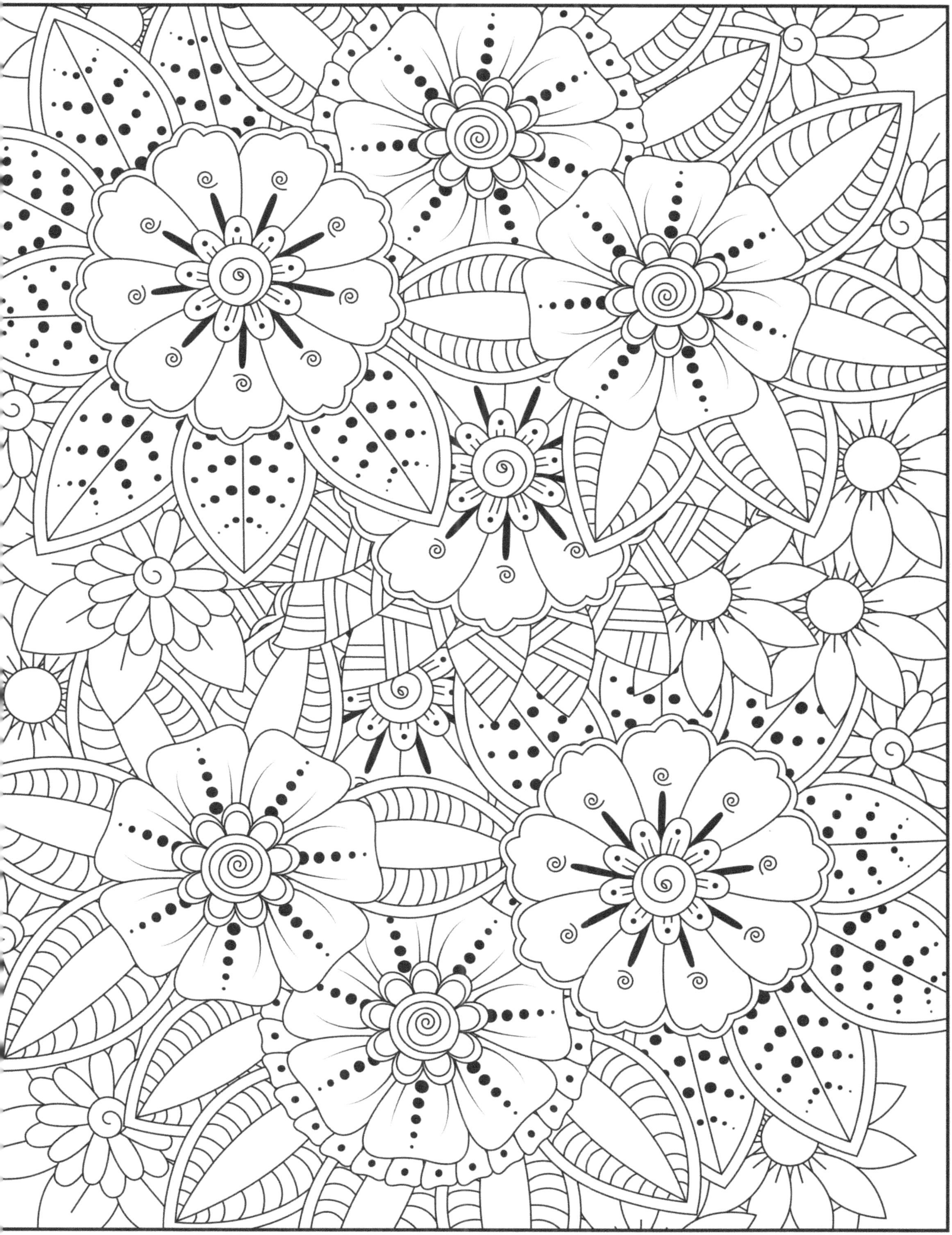

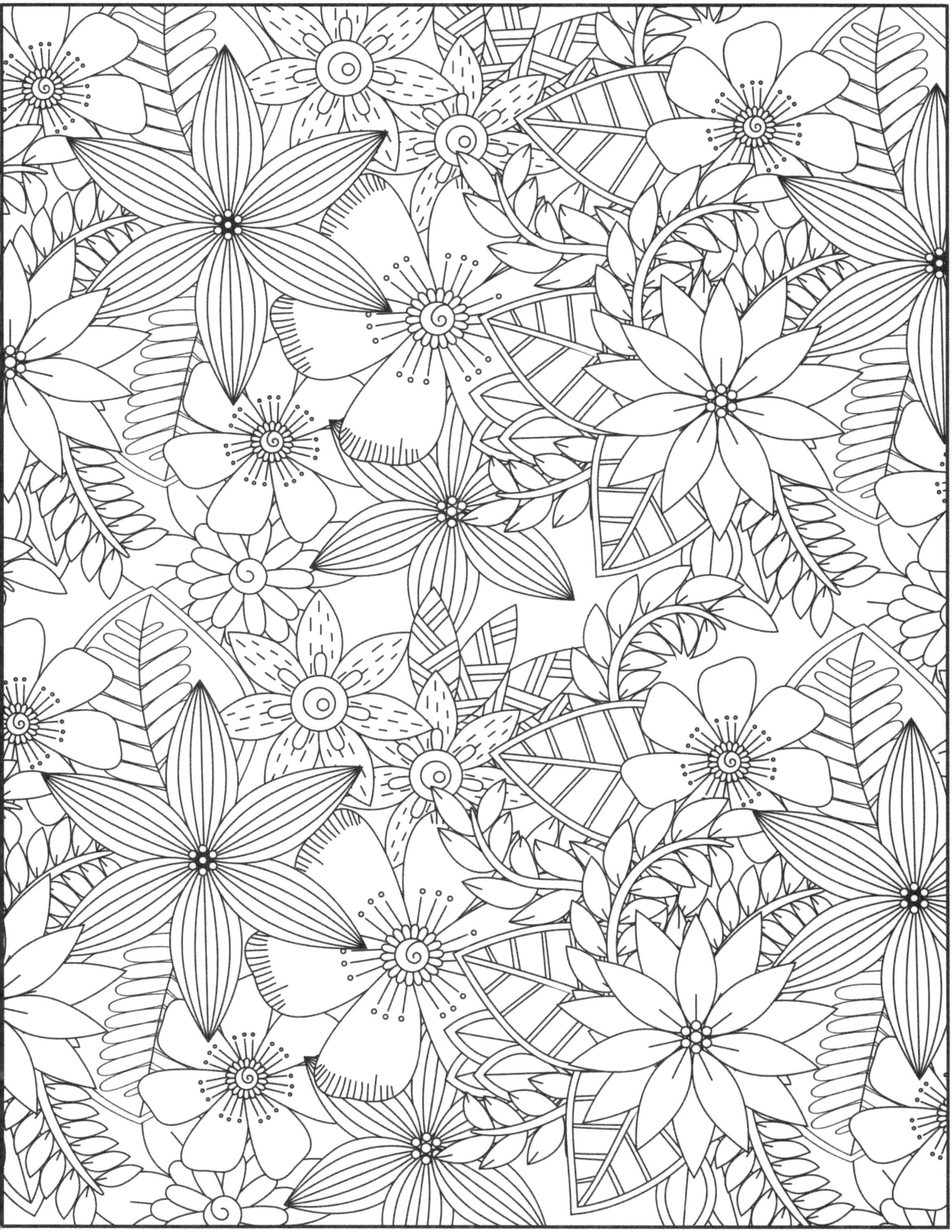

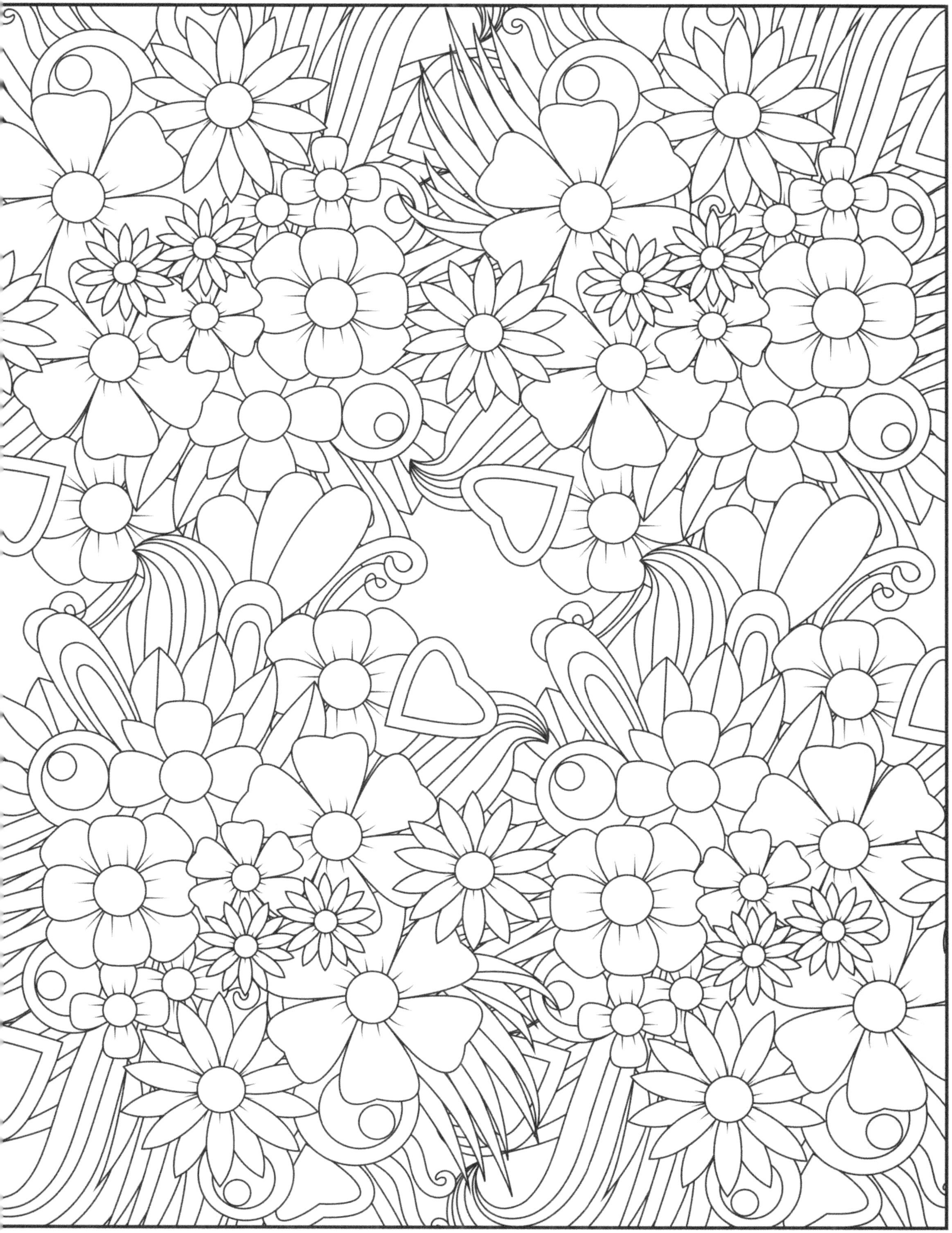

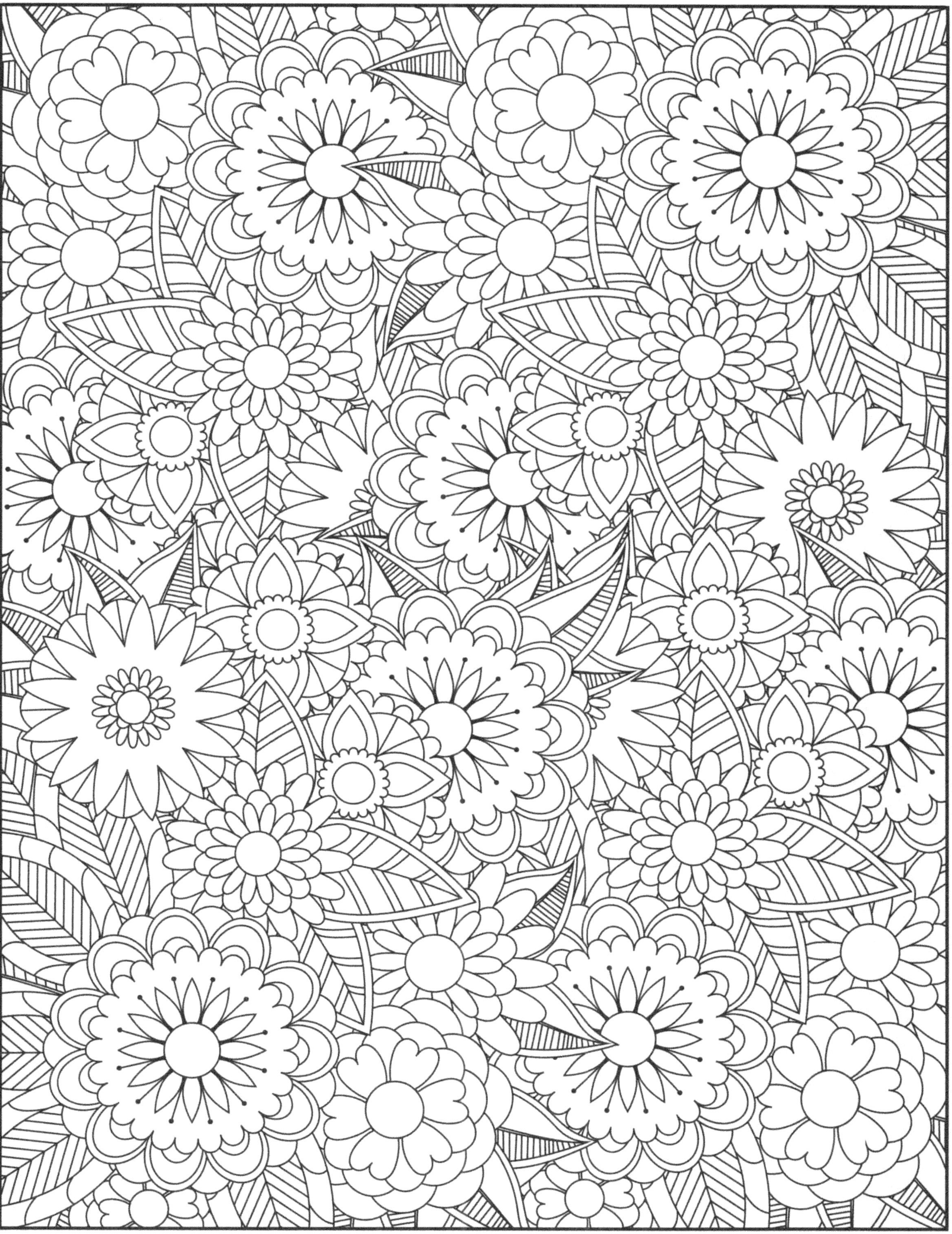

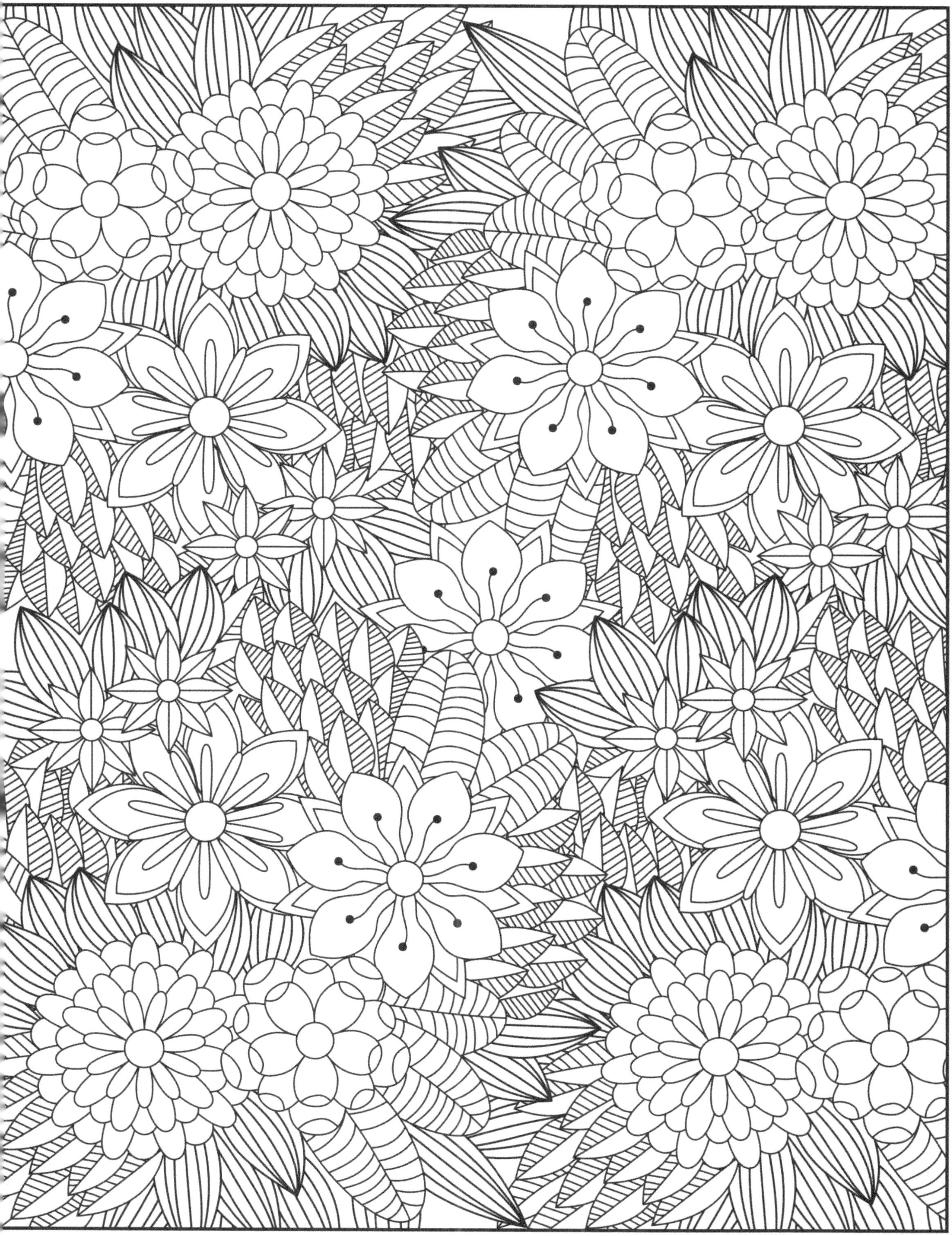

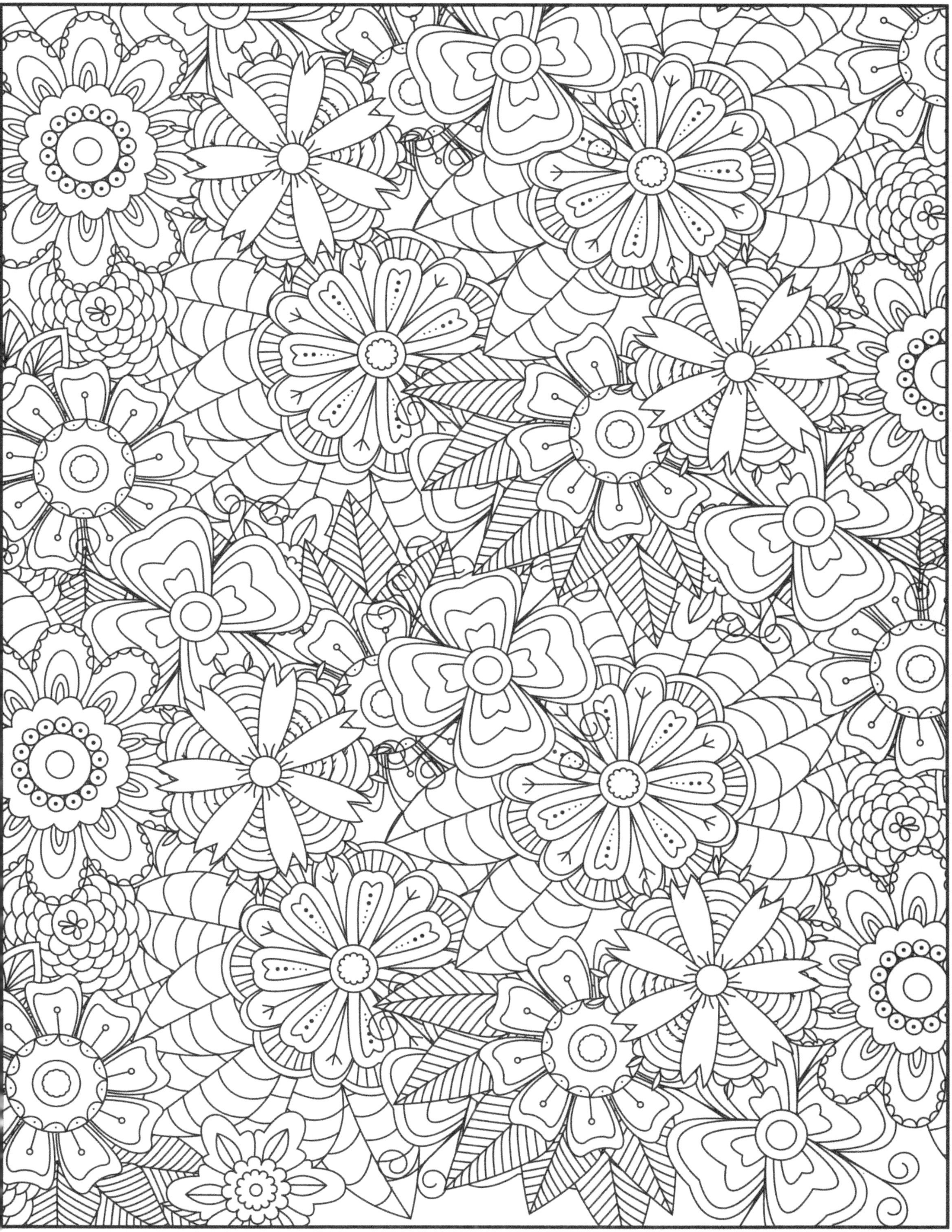

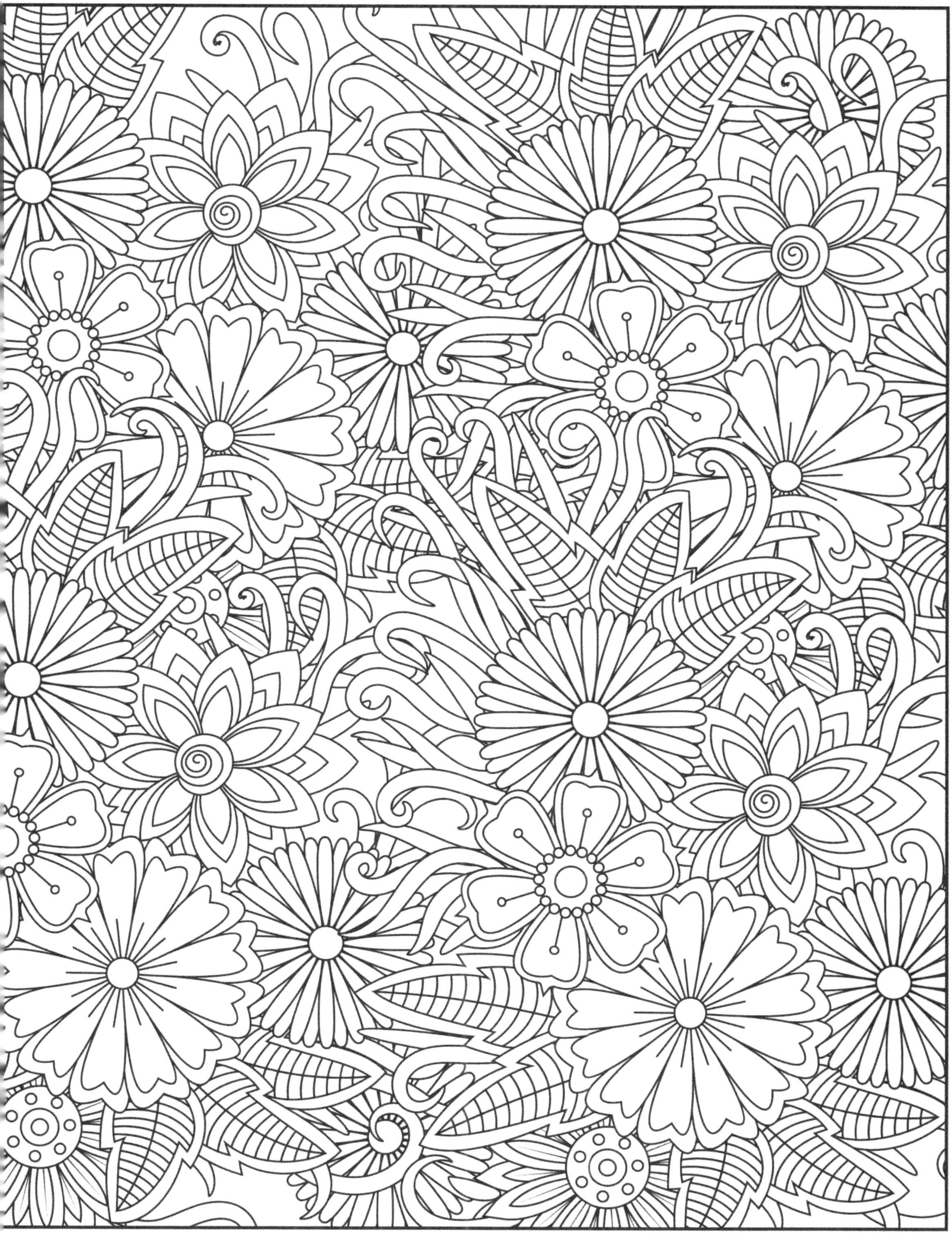

www.ingramcontent.com/pod-product-compliance
Lightning Source LLC
Chambersburg PA
CBHW080904220526
45466CB00011BA/3463
9798525666115